민들레 홀씨처럼

민들레 홀씨처럼

초판 1쇄 발행 2022년 11월 1일

지은이 오수아
펴낸이 장길수
펴낸곳 지식과감성#
출판등록 제2012-000081호

교정 서은영
디자인 김찬휘
편집 김찬휘
검수 이혜지, 윤혜성
마케팅 고은빛, 정연우

주소 서울시 금천구 벚꽃로298 대륭포스트타워6차 1212호
전화 070-4651-3730~4
팩스 070-4325-7006
이메일 ksbookup@naver.com
홈페이지 www.knsbookup.com

ISBN 979-11-392-0730-9(03810)
값 12,000원

- 이 책의 판권은 지은이에게 있습니다.
- 이 책 내용의 전부 또는 일부를 재사용하려면 반드시 지은이의 서면 동의를 받아야 합니다.
- 잘못된 책은 구입하신 곳에서 바꾸어 드립니다.

지식과감성#
홈페이지 바로가기

민들레
홀씨처럼

오수아 지음

지식감정

추천의 글

마음이 차가운 이들에게 이 시집을 추천합니다. 오수아 시인의 글에 가만히 손을 대면 적당한 온기가 가슴으로 전해집니다. 어쩌면 시인의 향기를 품은 꽃 같은 시어들이 독자의 가슴에 가닿아서 만개할 것이라는 확신이 듭니다. 그녀가 건네는 시들을 마시고 맛보고 조금씩 음미하다 보면, 전신을 포근하게 감싸는 국화차 같다는 생각을 해 봅니다. 그녀의 시를 매일 마시고 정신의 혈관이 청소되고, 마음의 눈에 쌓인 피로가 풀리고, 우울감기가 치유되길 바랍니다.

삶에서 대인관계의 장마가 길었다면, 이 시집을 권합니다. 치유가 어려운 만큼 깊은 상처를 입은 사람에게도 권합니다. 밤마다 고통으로 지새우는 이들에게도 권합니다. 자신에게 마음 써 본 적이 없는 사람이라면 더더욱 권합니다. 한숨을 내려놓고 스스로 희망의 씨앗을 파종하고 싶은 단 한 명의 독자라도 있다면, 이 시집은 그 역할을 충실히 이행할 것이라 확신합니다.

이재연 박사
고려대학교 대학원 아동코칭학과 겸임교수

차례

추천의 글 · 5

다시 나무가 되어 · 10

바다이고 싶다 · 12

인생 · 13

때가 다를 뿐 · 14

삶 · 15

날씨 · 16

연어들처럼 · 17

회상 1 · 18

서러움 · 20

죽는 날까지 · 22

첫사랑, 내 아부지 · 24

회상 2 · 26

바람 · 28

세대 전수 · 29

송구(약 2년생 남짓한 소나무의 여린 가지) · 30

디딤돌 · 32

회상 3 · 34

침묵 · 35

햇살처럼 · 36

하루만 살자 · 38

배움의 길 · 39

매화 · 40

진달래 · 41

설렘 · 42

아들에게 1(산을 오르며) · 44

괜찮아 · 45

봄 · 46

소나무 · 47

마음껏 흔들려라 · 48

가시 · 49

성장 · 50

내게 허락된 삶이
오늘뿐이라면 · 51

아름다움 · 52

자리 · 53

시간 · 54

너의 향기 · 55

명상 · 56

안부 · 57

싸리비 · 58

나의 계단, 나의 산 · 60

때죽나무 1 · 61

첫사랑 내 아부지 · 62

격려 · 63

아버지 가시던 날 · 64

봄날에 듣는
'가을 우체국 앞에서' · 65

새까맣게 탄 냄비 · 66

떨어진 벚꽃 잎들을
바라보며 · 67

다를 뿐이야 · 68

상처 · 70

해답은 시간 · 72

나의 길 · 73

아들에게 2
(산을 오르며) · 74

너도 엄마가 처음이잖아 · 76

부정적 기억 · 78

민들레 홀씨처럼 · 80

파도 · 81

부부라면 · 82

뭣이 중헌디? · 83

흩날리는 벚꽃 잎을 보며 · 84

삶 · 85

사춘기 아들과의 대화 · 86

아들에게 3 · 88

금낭화 · 90

할미꽃 · 91

바위 · 92

회상 · 93

그냥 미워하고 원망해라 · 94

과일 주스 1 · 95

과일 주스 2 · 96

친정엄마 · 97

나만의 배 · 98

어버이날의 후회 · 100

산을 오르는 이유 · 102

애벌레 두 마리 · 103

돌탑 · 104

이팝나무 · 105

개미에게 · 106

용서 · 108

강물처럼 · 109

아들에게 4 · 110

5월 · 112

공존 · 114

진짜 불행한 사람 · 116

도전 · 117

고백 · 118

자존심 · 119

새로운 산 · 120

청미래덩굴(망개나무) · 122

감정 · 123

고전 1 · 124

고전 2 · 125

큰금계국 · 126

첫 만남 · 127

때죽나무 2 · 128

엉겅퀴 1 · 129

엉겅퀴 2 · 130

괜찮아 · 131

고전 3 · 132

인생 방정식 · 133

고전 4 · 134

사랑은 · 135

회상 · 136

수국 · 137

모내기하는 날 · 138

휴식 · 140

회상 · 141

야생화 · 142

달개비꽃 · 143

고전 5 · 144

가재 잡이 · 146

추억의 주스 나무 · 148

참새 잡이 · 149

단 한 번은 찬란하게 · 150

사랑 · 152

기도 1 · 153

기도 2 · 154

다시 나무가 되어

한 그루 나무였다
나는
너의 곁에서

그늘을 주고
열매를 주고
너의 시간들에 귀 기울여 주는
나무였다

너와 사는 동안
엄마가 갓난아기에게 하듯
그렇게 온전히 주기만 하는
너를 사랑하는
한 그루 나무였다

어느 날
너에게 말했지
더 이상 나무처럼 살지 않겠다고

너만을 사랑하는 나무가 아니라
나를 사랑하는 나무가 되겠다고

너는 온몸에 가시를 단 선인장처럼 쏘아 댔고
나는 말 못 하는 인형처럼 바라만 봤지

다시 나무가 되어

바다이고 싶다

바람이 몰려오고
굵은 빗줄기가 몰려온다

하늘이 울고 있다
무섭게 울고 있다

그 소리에 놀라
무쇠로 만든 곳간 자물쇠를
움켜쥔 시어머니처럼
모두 마음을 꼭꼭 걸어 잠그지만

하늘의 슬픔을
말없이 받아 주는 바다

하늘의 슬픔을
가만히 들어 주는 바다

그런 너를 닮고 싶어
너의 곁에서 가만히 느껴 본다

울부짖는 하늘의 마음을!

인생

시커먼 구름을 가득 안은 하늘

흩어지는 사나운 바람

태풍 전야인 넓디넓은 바다에
연둣빛 이파리 같은 새 한 마리
비행에 나섰다

흔들흔들
주춤주춤
접을 듯 접지 않는 날개

세찬 바람이 밀어제껴 보지만
휘어지는 대나무처럼
꺾이지 않는 날개

강한 바람을
기꺼이 맞아 주며
기다릴 줄 안다

때가 다를 뿐

철이 아니면 어떠랴
이리 아름다운 것을!

혼자면 어떠랴
이리 빛나는 것을!

늦게 핀다고 철쭉이 아니더냐
일찍 시들었다고 철쭉이 아니더냐

피는 시기만 다를 뿐
다 같은 철쭉인 것을!

삶

삶은
엉킨 실타래

풀리지 않는다고
가위로 싹둑 자르는 것이 아니라

죽을 때까지
한 가닥, 한 가닥 풀어 가는 것

미완성일지라도

날씨

맑으면 나도 맑음
흐려도 나는 맑음
비바람 몰아쳐도 나는 맑음
천둥번개 쳐도 나는 맑음

네가 어떤 모습을 하든
흔들리지 않고
맑음을 유지하려 애썼지

한여름 땡볕처럼
후끈거리는 화를
삭혀 가며 애태웠지

이제는 알아
해야 할 도리
그 길을 묵묵히 걸으면 된다는 것을!

연어들처럼

가야만 하는 길
갈 수밖에 없는 길

그 길을 향해
온몸을 비틀고 짜
오늘이 마지막인 것처럼
튀어 오르는 뜨거움

공포스럽게 막아서는
사자 떼 같은 폭포마저
거슬러 오르는 무모함

죽음을 무릅쓰고
뛰어오르는 연어들처럼

꿈을 향해
온몸으로 부딪치리라

회상 1

갑판 위에서 팔딱거리는
갓 잡아 올린 고등어마냥

아주 작은 일에도
모든 세포들을 불러내는
날것인 너를 볼 때마다
스멀스멀
연기처럼 화가 올라왔었지

집 안 가득
날카로운 가시만 쏟아 놓고
쏜살같이 숨어 버리는
비겁한 너를 볼 때마다
부글부글
물처럼 끓어올랐었지

그럴 때마다
애써 누르고 있던 감정들은
종이 위로 우르르 몰려나와
앞다투어 말했었지

'할 말 좀 하고 살아!'

맨드라미처럼
시뻘겋게 멍든 그때의 시간들
이제서야 싱겁게 터트린다

피식~

서러움

멍하니 바라본다.

강물 위
금모래 뿌려 놓은 것처럼
흔들리는 불빛들을

두 눈 가득 고인
설움도
덩달아 흔들린다.

괜찮아
곧 지나갈 거야
이까짓 것

강한 척
혼잣말로
입술을 깨물지만

후두둑

끝내
소나기처럼 쏟아지는
설움의 파편들

죽는 날까지

비웠다고
모두 내려놓았다고
바다에게 말했지

휘얼 훨~ 휘얼 훨~
자유로이
높이 나는 갈매기처럼

참말로 가소롭지

군데군데
덕지덕지 붙어
찰거머리처럼 떨어지지 않는
볼썽사나운 속 좁음

마음 한편에
은밀하고 음흉하게 숨었다가
스프링처럼 튀어나오는 흔들림

비우자

내려놓자

매일 조금씩

영혼이 자유로이 날 때까지

첫사랑, 내 아부지

땅속 항아리
인내 시간 삼십 일

온몸 구석구석
붉은 감칠맛 두른
군침 도는 통 무김치

코끝을 배회하는
새우젓 냄새에
미끼 무는 물고기처럼
겁 없이 덥석 물었다가

"매워서 못 먹겠어!"

혓바닥 내어 보이며
찡그리는 딸의 투정
그저 허허허

당신 국물 그릇에 쑤욱
통무 넣고 씻어
젓가락에 꽂아 주시며

"이제 안 매울 끼다."

회상 2

얼마나 미웠을까!

딸이 아니라 웬수였을지도 몰라.

'우르르 쾅쾅!!!'
'쏴아아아~~~'

밀림 속 사자처럼 울부짖는 것도 모자라
유령들이 몰려오기라도 하듯
방문은 덜커덩덜커덩
비까지 무섭게 쏟아지는 밤

오들오들 떨며
애꿎은 베개만 숨 막히게 하다

결국 안방으로 건너가
엄마 자리를 빼앗았던 철부지

등짝을 맞아 가면서도
아부지 품을 파고들었던 철부지

토닥토닥 재워 주던

오늘따라 그리운

아부지 냄새

바람

평소보다 늦은 시각
창문을 여니

"눈 빠지는 줄 알았어!"

애타게 기다린 바람이
왈카닥 안기며

"어서 나와, 상쾌한 아침이야!"

어제는 소식도 없더니
뭔 호들갑일까!

말 없는 그림처럼
성난 황소처럼
장난스러운 개구쟁이처럼
수시로 변하는 너

그런 기분을 맞추기 위해
무던히도 애썼지

이제는 알지
그게 너라는 걸

세대 전수

참 희한해
아파 봤으니 알 텐데

아픔의 크기
아픔의 깊이

얼마나 쓰라린지
잘 알 텐데

피 같은 새끼
금덩이보다 아까운 새끼

귀하디 귀한 새끼에게
그 고통 그대로 물려줄까?

아파 봤으니 더 잘 알 텐데

송구(약 2년생 남짓한 소나무의 여린 가지)

누가 알까?

아무도 모를 거야!

고 달콤한 맛을!

해가 늘어지게 낮잠을 자고
행여 해를 깨울까
소리 없이 쑥쑥 자라는 유월

아부지 손잡고
오빠 동생들과 뒷산으로

"요 녀석이 맛있겠네!"

소나무 꼭대기 가지를
낫으로 잘라
겉껍질 벗겨 내면

상큼한 향이
혀를 깨우고

달달한 즙이 우르르~~
입 안 가득 밀고 들어오면

갓 잡아 올린 생선처럼
팔딱팔딱 뛰는 신선함이 온몸을 휘감는다

누가 알까 고 맛을!

송구의 맛
내 고향 뒷산의 맛

아무도 모를 거야!

디딤돌

저는 디딤돌입니다.
사는 곳은 산입니다.
매일매일 수많은 사람들이
제가 사는 곳
옥구산을 찾아옵니다.

저는 사람들이
안전하게 오를 수 있도록
제 몸을 온전히 내어 줍니다.
그것이 제 역할이고
또한 저의 기쁨이니까요.

그러던 어느 날
제 몸에서 빛이 나기 시작했습니다.
처음에는 햇살의 장난인 줄 알았습니다.
그런데 구름이 잔뜩 몰려와도
제 몸은 여전히 빛나고 있었습니다.

깨달았습니다.
그저 묵묵히
제자리에서
역할을 다했을 뿐인데
수많은 발걸음들이 저를 빛나게 해 주었다는 것을요!

회상 3

여기저기
구석구석
어린 시절이 뛰어다니는 소래산

오늘은
보리수나무 아래
아홉 살 남짓 소녀가
빠알간 열매를 따고 있다

산들바람이 해 대는 부채질에
소녀의 머리칼은 그네를 타고

야물딱지게 따 대는
소녀의 시계 같은 햇살은
나뭇잎 위에 퍼질러 앉아
일어설 줄을 모른다

말 없이 지켜보던 해도
빠알가니 물들어 간다
고향 뒷동산
보리수 열매처럼

침묵

바람이 사나운 토요일 아침
흔들리는 잔가지들
요란한 깃발

침묵의 소래산
한발 한발 오르는 나의 침묵
소래산과 나의 소리 없는 대화

햇살처럼

소리 없이 거친
1월의 바람은
만만한 상대가 아니기에
모자를 쓰고
귀마개를 하고
장갑까지 끼고
운동하러 나가는 길

전쟁인 양 완전 무장이지만
볼, 허벅지, 손끝을 때리는 따가움에
감각을 잃어 간다.
그래도 걷는다.
그래도 뛴다.
만나기로 약속되어 있는
햇살 한 줌을 생각하며

햇살은 나보다 늘 미리 도착해
나의 자리를 데워 두는
수고를 마다하지 않는다.
그런 햇살의 여유 덕분에
잃었던 나의 감각은
곧 편안함을 되찾는다.
1월의 따가운 바람도 숨을 고른다.

오늘 하루
나도 아이들에게
그리고 또 누군가에게
이러한 편안함이고 싶어
나눔이 부족하지 않도록
매일매일
햇살 한 줌씩 모아 둔다.

하루만 살자

너무 멀다.
너무 높다.
가고 싶은 그 곳은.

욕심을 내어
걸어도 걸어도
보이지를 않는다.

뛰어도 달려도
간절한 그 곳은
닿지를 않는다.

그저 내 몸만 지칠 뿐
다리만 풀릴 뿐
가쁜 숨만 몰아쉴 뿐

그래
오늘 하루만 걷자.

그래,
오늘 하루만 살자.

배움의 길

쉼 없이 낭송한다
소래산의 향기를

아낌없이 나눈다
소래산의 맑은 혈을

지루하기도 하건만
그 소리 한결같고

지칠 법도 하건만
그 마음 변함없다

너를 보고 깨닫는다
평생 공부를

너를 보고 걷는다
배움의 길을!

매화

드디어 너의 계절이구나
참으로 곱다

사나운 겨울바람
매서운 눈보라
짓궂은 비
다 받아 내며
흔들리면 흔들리는 대로
휘어지면 휘어지는 대로
꺾이지 않더니

드디어 너의 계절이구나
참으로 장하다

진달래

어제만 해도 잔뜩 웅크려 있더니
　　바람이 뭐라 했길래
　　다들 얼굴을 내밀고

　　햇살이 뭐라 했길래
　　다들 마음을 활짝 풀어헤쳤을까?

설렘

'일어나야지! 너는 아내야!'
그래그래, 나는 아내지.
숭늉이라도 끓여 먹이고
웃는 낯으로 배웅도 해야지.
회사 잘 다녀오라고.

'일어나야지! 너는 엄마야!'
그래그래, 나는 엄마지.
따뜻한 밥 한 숟갈이라도 먹이고
웃는 낯으로 배웅도 해야지.
학교 잘 다녀오라고.

그렇게 이십 년 가까이 깨웠다.
해야 할 일이 있었고
해야만 되는 일이 있었기에
따뜻한 이불 속이 끌어당겨도
나를 채근하며 이불을 밀쳐 내었다.

그러나 어제의 나는 없다.
이제

해야 할 일이 아니라
하고 싶은 일이 있기에
일어나라고 채근하는 것이 아니라
설레는 마음으로 이불을 정리한다.

아들에게 1(산을 오르며)

힘들지?
저 모퉁이를 돌면 계단이 나오고
계단을 오르면
너른 무릎을 내어 주는 바위가 기다리고 있을 거야.
거기까지만 가 보자.

자, 이제 쉬었으니 다시 올라 볼까?
이제부터는 흙길이야.
둘레길처럼 걷기에 그만이지.
그래도 발아래는 조심해야 해.
나무뿌리들이 걸음을 방해할지도 모르니까

산을 오를 때는
발아래만 보고 걷는 게 좋아.
한발 한발 내딛는 너의 걸음에 집중해.
위를 자꾸 올려다보면 지치고
정상은 더 멀게만 느껴질 거야.

괜찮아

바람이 불었다.
파란 하늘에

나뭇가지들은 소리 내어 울고
강물은 이리저리 흔들렸다.

'괜찮아, 괜찮아. 살다 보면 이런 날이 있지.'
음악의 위로에 날숨을 쉬어 본다.

먹구름이 몰려왔다.
하얀 구름에

이제 막 웃으려던 꽃들은 잔뜩 움츠렸고
햇살은 숨어 버렸다.

'괜찮아, 괜찮아. 살다 보면 이런 날이 있지.'
글자의 위로에 날숨을 쉬어 본다.

봄

졸졸졸~~~
청아한 너의 노랫소리에
산수유는 노란 부채를 펴고
진달래는 분홍 부채를 펴고
바람과 함께 박자를 맞추느라
울그락불그락 흥분된 소래산

박자 따라 슬며시 가벼워지는 내 발걸음
내 마음에도 봄이 왔구나!

소나무

사계절 늘 그 자리에서
변함이 없구나!

살랑살랑 봄바람이 간지럼을 태우고
여름 폭우가 끄르렁거려도

으스스 가을 찬 서리가 내리고
겨울 눈보라가 무섭게 몰려와도

너의 본 모습을
잃지 않고 우직하구나!

사계절의 짓궂음에도
불필요한 감정을 쓰지 않는구나!

마음껏 흔들려라

흔들려라 괜찮다
많이 흔들릴수록
더 단단해질 테니
더 강해져 가는 과정일 테니

강물도
소용돌이치는 날이 있다
자신을 원망하는 날이 있다
그렇게 흘러 거대한 강이 된다

울어라 괜찮다
뻘건 숯덩이 안고 살지 마라
밖으로 끄집어내어
눈물로 덮어 버려라

산도
울음을 토해 내는 날이 있다
가슴 무너지는 날이 있다
그렇게 토해 내고 웅장한 산이 된다

가시

알밤 같은 자아가 쏙 빠져 버린
빈털터리라
뾰족뾰족 가시 같은
자존심만 남았나 보다

무시하기만 해 봐
마구 찔러 버릴 테니
혼자만의 피해망상에
방어기제만 남았나 보다

성장

헤어짐은 새로운 시작
눈물이 성장이듯
아픔 또한 성장이듯
가는 이 보내는 이
그렇게 헤어짐은 또 다른 성장이다.

함께했던 시간들이
힘들어 지친 어느 날
어깨에 손을 얹고 토닥토닥
든든한 내 편이 될 것이다.
다시 일어설 수 있는 에너지가 될 것이다.

내게 허락된 삶이 오늘뿐이라면

허락된 삶이 오늘뿐이라면
해변가를 달릴 것이다.
들숨날숨을 함께했던
맑은 새벽을 새겨 두리라.

허락된 삶이 오늘뿐이라면
산을 오를 것이다.
오롯이 내 편이었던
넉넉한 품을 잊지 않으리라.

허락된 삶이 오늘뿐이라면
일기장을 펼칠 것이다.
하루하루 은혜로웠던
감사를 꾹꾹 눌러 쓰리라.

허락된 삶이 오늘뿐이라면
아이와 그림책을 넘길 것이다.
앤서니 브라운의 우스꽝스러운 그림과
아이의 입술과 눈빛을 새겨 두리라.

아름다움

꽃은 두 송이, 세 송이
흐드러지게 피어야 되는 줄 알았다
그렇게 피어야 아름다운 줄 알았다

새는 두 마리, 세 마리
나란히 날아야 되는 줄 알았다
그렇게 비상해야 아름다운 줄 알았다

이제는 안다
혼자 피어도
혼자 날개를 펴도
충분히 아름다울 수 있다는 것을!

자리

거기가 너의 자리였구나
외진 곳
혼자 떨어져도
봄 햇살처럼 밝은 걸 보니

거기가 너희들 자리였구나
외진 곳
둘이 얼굴 마주하고
손 꼭 잡은 걸 보니

그래 살아 보니
내가 있어야 할 자리가 있더라
남의 자리 기웃거릴 필요도 없더라
남의 자리와 내 자리 비교할 필요도 없더라

시간

명상하느라 잠시 눈을 감은 300초
고 사이에
품고 있던
반질거리는 속을 드러내 보이는 바다
어리둥절한 내게
침묵만 지키던 시간은
썰물 위에 앉아
한마디 던진다.

'오늘은 다시 오지 않아!'

너의 향기

종종
유치원 꼬맹이 아들이 풀꽃을 내밀었다.
"엄마를 위한 선물이야!"

아주 가끔
초등 아들이 전화로 물어 왔다.
"엄마, 어떤 꽃 사 줄까? 꽃을 보면 엄마 생각이 나!"

요즘
사춘기가 된 아들이 전화로 물어 온다.
"엄마, 어떤 꽃 사 줄까? 꽃 아저씨 오셨어."

10여 년 가까이
꽃향기가 집 안에 가득
너의 향기는 내 안에 가득

명상

가슴 밑바닥에 서러움의 불꽃이 타오른다면
꽃을 보자.
꽃의 향기로 들숨을 쉬며
천천히 그 서러움을 날숨에 얹자.

가슴 밑바닥에 분노의 불꽃이 타오른다면
거울을 보자.
가만히 들여다보며 묻자.
지금 이 분노는 누구를 위한 것이냐고.

가슴 밑바닥에 맑은 샘이 흐른다면
눈을 감자.
조용히 두 손을 포개고
감사의 기도를 올리자.

안부

아직 비었다.
지난 봄
아침마다 환히 웃으며
나를 맞아 주었던 너의 자리

거기 잘 있는 거지?
별일 없는 거지?

산을 오를 때마다
너의 자리에서
한참을 서성인다.
너의 안부를 물어본다.

싸리비

그게 뭐라고
그렇게 애를 태웠을까?

그게 뭐라고
그렇게 울었을까?

너를 보니
옛 추억에 절로 나는 웃음

여름날이면
너를 손에 들고
오빠, 동생들과
잠자리를 잡느라 난리 법석이었지

잠자리가 잡히지 않는 것은
네 탓이라며 울었지

너를 더 많이 엮어
가장 풍성한 싸리비를 손에 쥐여 주시며,

"마당에 잠자리들 이제 다 니가 잡아 뿌라!"

철부지 딸의 생떼에
웃으시던 우리 아부지

너를 보니
옛 추억에 절로 나는 웃음

나의 계단, 나의 산

올려다보기에도 벅찬
까마득한 계단 앞에서
숨이 멎을 만치 흥분한 적이 있었다.

한 계단 발을 올려놓기에도
두렵고 떨렸던 날들
그저 바라만 보며 동경했던 날들

낙엽이 지고 또 지고
이러다 후회할 것만 같아
미친 척하고 한 계단,
딱 한 계단을 올랐었다.

그 순간,
첫사랑인 양 가슴이 뛰었다.
심장이 요동쳤다.

아! 여기구나!
살아 있는 한
끝까지 올라야 할
나의 계단, 나의 산
바로 여기였구나!

때죽나무 1

무릇
꽃들이라면
해를 향해
하늘을 향해
다들 활짝 웃고 있던데

너는 왜 땅만 보고 있을까?

나도 모르게
무릎 굽히고 살짝 훔쳐본다.

아!
책장에 꽂힌 책들처럼
정갈한 고귀함이란!

첫사랑 내 아부지

신문과 옥편이
아침 친구인 아부지

매일 보는 친구들인데도
뭐가 그리 좋으실까!

서로 얼굴 맞대고
중얼중얼
아부지가 이끄는 대로
넘겨지고 접혀지고

죽이 척척 맞는
세 친구를 바라보다

"아부지 같은 사람하고 결혼할 거야!"

"결혼을 한다꼬?"

무심코 던진 돌에
화들짝 놀란 개구리처럼
얼른 고개 드시던 아부지

격려

"가장 편안했던 시간은 언제였어?"
"가장 편안했던 장소는 어디였어?"
"가장 편안했던 사람은 누구였어?"

횡격막과 오른손이 만나
물어본다
하루를 어떻게 보냈느냐고

빙긋이 응해 오는 너에게
나비 포옹법으로 쓰담쓰담
"그랬구나. 잘했어. 참 잘했어."

아버지 가시던 날

아버지 냄새가 땅속에 묻히던 날
만성 통증이 몸속을 미쳐 날뛰듯
세포들은 롤러코스터를 타며
괴성을 질러 댔다.
시계는 부서졌고
심장은 얼어붙었다.

아버지 냄새가 땅속에 묻히던 날
새싹들은 철없이 아옹다옹거렸고
꽃망울들은 나뭇가지 위에서 햇살을 즐겼고
구름은 유유히 봄 산책을 했다.
시계는 멀쩡했고
공기는 쓸데없이 따사로웠다.

봄날에 듣는 '가을 우체국 앞에서'

'세상에 아름다운 것들이 얼마나 오래 남을까?'

한 남자의 독백이 바쁜 걸음을 불러 세운다.
잠시 멈추고
독백 속으로 걸음의 방향을 돌려 본다.
카페라테 한 잔 들고.

노래에 담긴 그 남자의 독백에 감각을 맡겨 본다.
가을의 독백이
이 봄날 벚꽃 잎 되어 흩어져 내린다.
바쁜 걸음은 카페라테 잔이 비었다는 사실도 잊었다.

'하늘 아래 모든 것이 저 홀로 설 수 있을까?'

이 남자의 독백,
참 괜찮다.

새까맣게 탄 냄비

어디선가 친정엄마 손맛이 날아든다.
'옆집에서 갈치조림을 하나 보네.'
어디선가 매캐함이 코를 자극한다.
'아이고, 어느 집일까? 다 태우네.'

"엄마! 불난 줄 알았어!"
학원에서 돌아온 아들의 다급한 목소리
"아차!"
"다 탔어, 엄마!"

새까맣게 탄 냄비를 보니
새까맣게 타 버린 내 맘 같다.
빡빡 문질러도 지워지지 않는 냄비처럼
빡빡 내 속을 문질러 대던 남의 편!

떨어진 벚꽃 잎들을 바라보며

긴 장마와
으스스한 서리를 온몸으로 맞고
그것도 부족하여
서슬 퍼런 바람까지 맞았다
그렇게 수개월을 버텨
찬란한 빛을 맞이했건만
일주일 남짓이었구나
세상을 환히 비추는 데
필요한 역할은

허무함도 크고
아쉬움도 크다만
세상 어디 영원한 것이 있더냐
있어야 할 자리에서
해야 할 일을 꿋꿋이 해냈기에
후회 없이
미련 없이 떠나는
뒷모습마저
이리 아름다운 것을!

다를 뿐이야

힘을 빼 봐
네 마음을 들여다 봐
어떻게 하고 싶은지

단 한 번이라도 편안하게
드러내 봐
너의 생각을

상처 따위 걱정 마
평가 따위 두려워 마
시선 따위 신경 쓰지 마

틀린 게 아니야
잘못된 게 아니야
다를 뿐이야

너는 너
나는 나
다른 꽃

너와 나
나와 너
함께인 꽃밭

상처

싸매지 마라
작은 상처일지라도

눅눅한 여름
환기하지 않으면
습기 차고 곰팡이 번식하듯
마음도 환기하지 않으면
눅눅한 여름 장마가 된다

꾹꾹 눌러 참아도
꽁꽁 숨기려 해도
티가 나고 만다

활짝 풀어헤쳐라
큰 상처일수록

볕 좋은 날 고추 말리듯
바람 좋은 날 빨래 널듯
축축한 물기를 제거하고
뽀송뽀송 말려라

끄집어내어
따뜻한 한 줌 햇살에
부드러운 한 줌 바람에
맡겨 버려라

해답은 시간

새벽빛을 따랐고
깊은 바다를 가까이했다.
우직한 산을 따랐고
침묵을 가까이했다.
고요한 깊이를 갖고 싶었고
침묵을 닮고 싶었기에

새벽이 말했고
산이 말했다.

'서두르지 마라.
지금 걷는 길에 해답이 있다.
살고 있는 오늘에 해답이 있다.

꾸준함을 잃지 말고
너의 걸음에 집중하라.
시간이 말해 줄 것이다!'

나의 길

아무도 가지 않는 길
다들 아니라고 고개 젓는 길
그 길을 간다

새로운 길을 간다

생각이 지휘를 하고
감정이 용기를 보태고
행동이 앞장섰다

알아주는 이 없는 길
모두가 말리는 길
그 길을 간다

나의 길을 간다

아들에게 2(산을 오르며)

산을 오를 때
앞사람을 의식하면
성급한 마음이 들어
걸음이 빨라지고
호흡도 가빠지고
주저앉게 되지

너의 속도를 느껴 봐

산을 오를 때
정상만 생각하면
조급한 마음이 들어
다른 사람을 보고
얼마나 더 남았나를 보고
위를 쳐다보게 되지

너의 걸음에 집중해 봐

힘들면 쉬어도 돼
너의 호흡에 맞추고
너의 속도를 느끼고
너의 걸음에 집중하면
원하던 그곳에
시나브로 가까워지지

너를 믿어 봐

너도 엄마가 처음이잖아

사정없이 몰아치는
엄마의 비바람을 고스란히 맞은
아이는 서럽게 잠들었다

'미쳤구나.
엄마가 아니구나.
요 어린 것이 뭘 안다고.'

뒤늦은 후회는
잠든 아이 곁에서 소리 없이 울었다

조여 오는 가슴을 주체할 수 없어
내가 아닌 나를 앞세운 후회는
바다로 내달려
어딘지 모를 구석진 자리 퍼질러 앉아
아이처럼 서럽게 울었다

"많이 힘들었구나.
괜찮아, 괜찮아.
너도 엄마가 처음이잖아."

하얀 파도의 조근조근 토닥임에
더 커지는 서러움덩이

부정적 기억

화이트로 쓱 칠하면 지워질까
종이처럼 찢으면 사라질까
몰아내려 하면 할수록
이상한 방식으로 더 날뛰어
통제가 안 돼.

까맣게 잊었다 생각했었는데
어떤 날은
아주 작은 점 하나로 발화되어
눈앞에서 활활 타오르고
참 제멋대로야.

게다가
꼴 보기 싫어
회피하려 들면
오히려 후회하게 만들지.

'그때 이랬어야 했는데….'

올가미에 걸리듯
너의 감옥에
꼼짝없이 갇혀
CD 플레이어처럼
반복되는 시간

너 없이 내가 아니고
너 없이 내가 설명될 수 없기에
펜을 들어 종이 위로 너를 불러낸다

언어로 담판 짓는 것이
너에게서 자유로워지는 길이기에.

민들레 홀씨처럼

밟히면 어떠랴
앉은뱅이면 어떠랴
구석진 곳이면 어떠랴
백발이면 어떠랴

단 한 사람에게라도
희망이면 족한 것을

훨훨 날아라
너의 세상을!

파도

무슨 사연을 그리 쌓아 두었길래
하얀 서러움을 저리 뱉어 낼까!

무슨 아픔을 그리 눌러 담았길래
몸이 자지러져라 저리 울어 댈까!

파도 곁에 앉아 그냥 느껴 본다.
파도 곁에 앉아 그냥 들어 본다.

부부라면

부부라면
서로의 성격은 인정하되
어우러지면 좋겠다.

뿌리가 서로 이어진 연리근처럼
줄기가 서로 이어진 연리목처럼
가지가 서로 이어진 연리지처럼

서로 품고
서로 바라보며
서로 부둥켜안고

그렇게 어우러져
있는 그대로를
바라봐 주면 좋겠다.

뭣이 중헌디?

"왜 이럴까?"
"왜 자꾸 실수를 하지?"
"왜 태어났을까?"

뾰족뾰족 시큰둥한 질문

"누구일까?"
"존재하는 이유는 뭘까?"
"삶의 의미는 뭘까?"

찌끈찌끈 심각한 질문

좀 날카로우면 어때?
좀 무거우면 어때?

어떤 질문을 하느냐가 아니라
어떤 답을 찾느냐가 중요하지

실행이 중요하지!

흩날리는 벚꽃 잎을 보며

꽁꽁 얼어붙은 겨울처럼
꽁꽁 걸어 잠근
도저히 알 수 없는
너의 내면

너의 생각에
너의 마음에
꽃잎 같은 날개를 달아
햇살 쏟아지는 벤치로
살포시 내려앉게 할 수 있다면!

삶

힘들구나
축 처진 어깨를 보니
지쳤구나
방향 없는 눈동자를 보니

어지럽게 갈라진 길
빠져나오기 힘든 미로에 갇혀
길을 잃어버렸구나

혹여 스스로
막다른 골목을 만들어 놓고
길을 찾고 있지는 않는지
쭉정이 같은 하루에 매달려
에너지를 쏟고 있지는 않는지
너의 목소리를 들어 봐

누구도 답을 줄 수는 없어
스스로 질문하고 대답해 봐
머리와 심장이 하는 말을
한여름 분수처럼
속 시원히 번역해 낼 때가 올 거야

사춘기 아들과의 대화

내가 아닌 것 같은데?
점점 이상해지는 것 같아.
이런 놈 아니었는데?
왜 이러지 엄마?

음… 지극히 정상이야.
딱 나이에 맞게
건강하게 성장 중이고
남자가 되기 위한 과정이야.

남들이 어떻게 볼까 신경 쓰여.
거울도 자꾸 보게 돼.
멋 부리고 싶어져.
진짜 정상이야?

응, 지극히 정상이야.
다른 사람의 시선이 신경 쓰이고
친구의 말에
마음은 왔다 갔다 하지.

거친 바람처럼
화난 파도처럼
흔들리고 갈팡질팡하는 나이
사춘기, 질풍노도의 시기야.

다른 사람을 아프게 하는 것
너의 양심을 아프게 하는 것
이 두 가지만 빼고 다 괜찮아.
뭐든 다 해도 돼!

단,
방황하는 너의 곁에
늘 두 친구가 있었으면 해.
고전과 산!

아들에게 3

삶은 언제나 선택
어디로 가야 할까?
늘 질문하지
두 갈래 길에서

답해야 하는 순간마다
옳다는 긍정은
순간의 느낌표
그르다는 부정은
계속되는 말줄임표

삶이라는 거대한 강 앞에서
긍정보다 힘센 부정이 압박하지

'한 번에 건너야 해!'
'실수하면 안 돼!'

잔뜩 긴장한 신경 세포들과
불안에 휩싸인 마음의 근육들
주눅 든 그들에게 내리는
가장 든든한 처방

햇볕에게 물어보기
바람에게 상의하기
산에게 조언 구하기
그리고 알약 털어 넣듯
글자 한 알 한 알
매일 복용하기

금낭화

난 꽃이야
그냥 아무 꽃은 아니야
소나기 좀 맞아 본
인생을 아는 꽃이지

태풍이 불어닥쳤던 날
몇 날 며칠 비가 쏟아졌던 날
살기 위해 발버둥 쳤지

이겨 낼 수 있을 거라는 믿음
참고 견디는 만큼
향이 진해질 거라는 믿음

나무가 뭐라 하든
다른 꽃이 뭐라 하든
나를 믿었지
이 앙다물고 고군분투했지

난 꽃이야
그냥 아무 꽃은 아니야
소나기 좀 맞아 본
인생을 아는 꽃이라고!

할미꽃

뒷동산 양지바른 자리
고개 숙인 할미꽃

늙은 것도 서러워
짐이 되는 것도 서러워
홀로 먼 길 떠나
산 너머 고개 너머
굽이굽이 가시 돋고
걷다걷다 지쳐 쓰러진 곳

뒷동산 양지바른 자리
고개 숙인 할미꽃

죽어서도 서러운 이름
할미꽃
등 굽은 할미꽃

바위

아프면 아프다
힘들면 힘들다
서운하면 서운타
할 말 다 하고 싶었다

그리 못해 답답했고
혼자 울었고
속이 문드러져
숯검댕이가 되었다

홀로 가슴 치며
벙어리처럼 살아온 세월
울다 지쳐 바위가 되었을까?

무디고 무뎌
바위가 되었을까?

회상

모든 것이 그리워지는 날

단숨에 달음박질쳐
아버지 자전거 뒤에 타고 있는
단발머리 소녀와 마주한다.

"공부하느라 힘들었제?
그래도 공부가 세상에서 젤 쉽다.
지금은 아버지 말 이해 안 되겠지만
조금만 더 크면 알게 될 거다."

소녀는 아무런 대답도 않고
그저 아버지 허리만 세게 안았다.

문득 아침 바람에
그런 아버지 냄새가 났다.
콧등이 찡하고 눈물이 나는 건
이제서야 철드는 까닭일까!

그냥 미워하고 원망해라

용서가 힘들다면
실컷 미워하고 원망해라

미움도 원망도 사람의 감정
저절로 생겨나는 걸 어찌막을까!

밀어내지 마라
아닌 척 하지 마라
나쁜 것이 아니다
잘못된 것도 아니다

용서하려 애쓰지 마라
흐르는 물처럼 두어라

뾰족한 못을 주머니에 감춘다고
날카로움을 숨길 수 있을까!

내키지 않는 용서의 길을
억지로 걷지 마라
다 용서할 필요 없다

차라리 실컷 미워하고 원망해라

과일 주스 1

믹서기에서 만난
꽁꽁 언 과일들이
토론을 벌이느라
치고받고 난리가 났다.

요란한 그 소리에
이웃들이 항의할까 봐
불안불안한 아침이다.

'아니, 건강을 위한 토론회라더니!
그만하라고 말릴까?'

조마조마한 가슴으로
애태우는 사이
둔탁했던 소음이 부드러워졌다.

휴~~~~
조율이 되었나 보다.

과일 주스 2

향도 맛도 그만이다.
건강한 소리가 마구 들린다.

이 정도면
서로 부딪히며
요란할 만도 했네.
시끄러워도 참고 기다려 주길 참 잘했어.

부부도
부모와 자식도
사람과 사람 사이도
과일 주스면 좋겠네.

서로 맞지 않는다며
등 돌리고 외면하고
이기주의가 되어 버리기보다

듣기 싫은 큰소리가 나더라도
한 발짝 물러나
부드럽게 어우러질 때까지
손잡고 함께 가면 좋겠네.

친정엄마

'악착같이 살지 마라.'
'뭐든 너무 힘들면 하지 마라.'

딸을 사랑하는
친정 엄마의 마음

엄마와 나의 거리
약 300,000m

엄마의 사랑은
고속도로도 터널도 어찌하지 못하나 보다.

'악착같이 살지 마라.'
'뭐든 너무 힘들면 하지 마라.'

전화기를 타고 오는
친정 엄마의 애끓는 사랑

나만의 배

뚝딱뚝딱
땀 흘려 만들었지
넓은 바다로 데려다 줄 배를

아주 흡족했어

배를 띄우러 가는 내게
사람들이 말했지

"돛대는 왜 없어?"
"침대가 필요하지 않을까?"
"1인용 소파 하나쯤은 있어야지!"

가만히 들어보니 맞는 말 같아
다시 뚝딱뚝딱
커다란 돛대를 달고
폭신폭신 아늑한 침대도 넣고
노을을 감상할 소파도 두었지

하지만
바라던 배가 아니야
꿈꾸던 배도 아니야

그래, 맞아
그거였어!

나만의 배!

어버이날의 후회

멀리 계시는 친정엄마에게
운전이 무섭다는 둥
체력이 안 된다는 둥
이 핑계 저 핑계로
동생들 편에 마음만 얹어 보내고
돌아가신 아빠 생각에
이 아침 눈물바다

데이트 한 번 더 해 드릴걸
술도 한잔하며 친구가 돼 드릴걸
얼굴 한 번 더 보여 드릴걸
너무 오래 기다리게 하지 말걸

좋은 것만 남기고 간 아빠 생각에
자꾸 눈물이 난다

좋은 것을 해 드린 기억이 없어
자꾸 눈물이 난다

돌아갈 수 없는 시간에

이 아침 눈물바다

용돈이라도 많이 많이 드릴걸….

산을 오르는 이유

산을 오르면

더 멀리 보고
더 넓게 느끼고
더 깊게 깨닫는다

내려다보려 숙이는 고개에
절로 겸손을 배운다

산을 오른다
더 낮아지기 위해!

애벌레 두 마리

산허리에서
잠시 숨을 고르며
짧은 인사를 나누는 벤치

나만의 그 벤치가
더 일찍 산행 나온 커플의 애정 행각에
말 없이 웃고만 있다.

둘의 데이트가 정겨워
나도 벤치 옆에 서서
빙그레 웃는다.

좋을 때구나!

돌탑

어느 고사리 손 소원일까?
야트막한 등산로
평평한 나무 밑동 위에
열댓 개의 소원이 포개어져 있다

'공부 잘하게 해 주세요'
'엄마, 아빠 싸우지 않게 해 주세요'
'우리 가족 건강하게 해 주세요'
'친구랑 화해하게 해 주세요'

무슨 소원이었을까?
어떤 간절함이었을까?

'무엇이건
모두 모두 이루어지게 해 주세요.'

고사리 손처럼
소원을 말해 본다

이팝나무

쌀밥 한 숟갈이면
바랄 것 없었다던 시절

배고픈 이들에게
기다릴 수 있는 힘을 주고
희망을 선물했다던
하얀 눈꽃

밥공기에
수북이 담겨 있는 쌀밥인 양
하얀 밥덩이가
주렁주렁 매달렸구나!

너의 모습에서
그때 그 시절
배곯았던 시간의 내음을 맡아 본다

개미에게

이 녀석들아
길가에다 집을 지으면 어쩌누
좀 지나가자
네가 어디다 집을 짓든
네가 뭘 하든 괜찮다만
다른 사람에게 피해는 주지 말아야지

네가 열심히 사는 거 다 알지
모르는 사람이 있을까
너의 성실함을 예찬하느라
교과서도 그림책도 얼마나 바쁜데

아무리 네가 인기쟁이 인싸라 해도
해서는 안 되는 것이 있어
이렇게 사람이 다니는 길목에
떡하니 집을 짓는 일 같은 거 말이야

다른 사람에 대한 배려 없이
하고 싶은 대로 살면
오랜 시간 땀 흘린 너의 집이
한순간에 와르르 무너질 수도 있고
목숨이 위태로울 수도 있어

용서

용서를
말로 구하지 마라
글로 구하지 마라
물질로도 구하지 마라

용서는
백 마디 말보다
구구절절 편지보다
값비싼 선물보다

몸으로 보여 주는 것
행동으로 보여 주는 것

강물처럼

구름이
강물이
생각이 흘러간다.

한곳에 머무르는 것 없이
구름이
강물이
명상이 흘러간다.

그렇게
오늘이 흘러간다.

아들에게 4

10년 넘게
가족을 위해 밥을 짓다 보니
적당한 물의 양을 맞추고
계랑 스푼 없이도 간을 맞추고
상차림도 뚝딱
도깨비방망이를 숨긴 것처럼
차려 낼 수 있었지.

어느 날 그냥 생긴 게 아니야.
네가 좋아하는
엄마 손맛이라는 게

매일매일
일정을 기록하고
새어 나가는 시간을 알아야
너를 위한
시간의 양을 맞출 수가 있어.

하루를 놓치면

10년이 지나도

진짜 너를 위한 시간은 없어.

시간에 끌려다닐 뿐이지.

5월

어린이날
어버이날
부부의 날
가정의 달 5월

살아 있는 날들 중
가장 소중한 날은
가족과 함께하는 순간들이라고

초록 초록 대지부터
어두운 구석까지 흩어져
사랑을 노래하는 민들레 홀씨

사는 거 별거 아니라고
바로 곁에 있는 내 사람들을
그저 사랑하는 일
그들에게 사랑의 언어를 뿌리는 일이라고

그 사랑이 차츰차츰 퍼져
시나브로 모든 이에게 닿는 일이라고
그렇게 나누는 일이라고

삶을 노래하는 민들레 홀씨

공존

길을 가다 보면
돌부리에 걸려 넘어지기도 하고
산을 오르다 보면
나무뿌리에 걸려 넘어지기도 하듯
살다 보면
펼칠 우산도 없는데 소나기는 찾아오고
평온하게 해변을 걷는데 파도가 덮치기도 하지

인생이 그렇더라고
꼬이고 얽혀 넘어지고
이리 치이고 저리 치이고

이럴 때 다들 자책을 해

그러지 마
일어날 일이라서 생긴 것뿐이야

네 잘못이 아니야

네 탓도 아니야

한 사람의 잘못으로

얽히고설키지 않아

누구의 잘못도 아니야

인생이 원래 갈등의 넝쿨이라서 그래

갈등이 바로 공존이라서 그래

진짜 불행한 사람

세상에서 가장 안타까운 사람은
넘어졌을 때 내미는 손이 없는 사람이다

세상에서 가장 서러운 사람은
아플 때 혼자인 사람이다

세상에서 가장 힘든 사람은
기대어 울 곳이 없는 사람이다

세상에서 가장 불행한 사람은
책을 읽지 않는 사람이다

이보다 더 불행한 사람은
책을 읽어야 하는 까닭을 모르는 사람이다

도전

날이 끄물끄물거리고
비가 내릴 것 같다고
운동을 나갈까 말까
망설이지 마라

운동화 끈 조여 매고
까짓것 내리면 한번 맞아 주지 뭐
빗속에서 한번 달려 보지 뭐
이런 각오로 나가라

재고 또 재다 보면
운동도 건강도 내 곁에 없다
찾아오는 이는 무기력밖에 없다

운동화 끈 조여 매고 나가라
망설이지 말고 나가라

세상이 얼마나 살 만한지
피부로 먼저 느껴 보라

고백

바라만 봐도 가슴 설레는 너를
누가 봐도 알아볼 수 있게
내 것이라 확인하고 싶어
너의 다발에
내 이름 석 자를 꾸욱 새긴다.

너의 내음
너의 숨소리
조근조근 부드러운 말투
그리고 아빠 같은 너른 품

고백하건대
네가 나이고 내가 너임을!

자존심

남편의 자존심은
벤츠도 아니고 빌딩도 아닌
오롯이 아내의 표정에 달렸고

아내의 자존심은
명품 백도 아니고 외모도 아닌
오롯이 자녀의 표정에 달렸기에

어떤 표정을 하고 있나
매일 내 아이를 살핀다

새로운 산

산을 오른다
새로운 산을 오른다

'오르고 싶다!'

그저 바라만 보며
그 높음과 웅장함에
감탄하고 기죽어 망설이는 걸음이 아니라

'오를 수 있을까?'

혼자라는 막막함에
두려움부터 앞세워
나를 믿지 못하는 걸음이 아니라

설렘과 기대의 한 발을 딛는다
당차게 딛는다
대차게 딛는다

포기만 없다면
오를 수 있다는 걸 알기에
겁 없이 딛는다

산을 오른다
새로운 산을 오른다

나를 믿고 오른다

청미래덩굴(망개나무)

초록빛 푸르름을 과시하듯
나무를 타고 오르는 것도 모자라
땅바닥에까지 오월의 푸름을 깔아 놓았다.

윤기 흐르는 타원형의 잎사귀 사이사이로
톡 건드리면
툭 터질 것 같은
탱글탱글 열매는
쓰읍~ 침이 고이는데

꾸물꾸물 옆으로 길게 차지한 줄기는
마디마디 갈고리 같은 가시를 달아
쉬 다가서지도 못하게 한다.

연둣빛 알알이 열매들이 손 탈까
불안해서일까?

감정

'이러면 안 되지.
이건 나쁜 생각이야!'

때가 되면 얼굴을 내미는 꽃처럼
피어오르는 감정을
누르지 마라

누가 눈치챌까 불안해하며
꿀꺽 삼켜 버리지 마라

그 누구와도 상관없이
너의 진실이니까!

고전 1

매일
너의 곁에서
너를 만지는 일

네가 하는 말에
온전히 귀 기울이는 일

강물 같은 너의 언어를
종이에 꾹꾹 눌러 담는 일

소나무 같은
너의 향에 취하는 일

너를 사랑하는 시간이
나를 사랑하는 일

고전 2

별도 버티지 못하고 쓰러져 버린
기나긴 터널에서

굶주린 배를 물로 채운 스펀지처럼
발목에 모래주머니를 단 것처럼
삶의 무게에 짓눌려 있을 때
포기라는 낱말이
세포를 야금야금 갉아먹고 있을 때

그때
너를 만났었지.

물에 빠진 사람이
지푸라기라도 잡는 것처럼
너는 그런 존재였어.

큰금계국

창문가 얄랑이는 커튼처럼
하늘 향해 살랑이는 꽃잎들

골난 아이처럼
야무지게도 앙다물고 있던 꽃망울들이
5월의 다사로운 기운과
토닥이는 바람에 풀어졌나 보다

온몸으로 화답하며
하늘거리는 꽃잎들

무엇이 그리 즐거운지
연신 하늘을 향해 조잘댄다

첫 만남

"오늘 못 갈 것 같아요!"

그 말에
젖은 빨래처럼 축축해져 버린 감정

애써 괜찮은 척 웃으려 해도
숨기지 못하는 표정

애써 괜찮다 말하려 해도
붙어 버린 입술

안 괜찮은 마음 누르며
손을 내밀어 보지만
잡히지 않는 그 손

휴~ 꿈이었구나!

때죽나무 2

층층이 뻗은
가느다란 나뭇가지 위
짙푸른 잎사귀 사이로

깨끗한 속살
우윳빛 고운 피부 숨겨 보지만
향기는 어찌할 수 없는
5월의 꽃나무

수줍은 그 향에
휘청이는 벌들

엉겅퀴 1

"앗, 따가워!"

보랏빛에 이끌려
카메라를 들이대니
영 못마땅했는지
바로 공격을 한다.

"앗차!"

허락도 없이
찍어 댔으니 그럴 수밖에!

엉겅퀴 2

잔뜩 곤추세운
너의 날카로운 공격에
카메라를 멈추고 가만히 바라본다

떨고 있구나
웅크린 여린 자아가
겁을 먹었구나
흔들리는 여린 자아가

괜찮아, 괜찮아
누구나 그래
상처 입어 본 사람은
누구나 그래
나도 모르게

네 잘못이 아니야!

괜찮아

이래야 돼
저래야 돼

그런 게 어딨어?
틀 안에 갇히지 마

항상 예쁘게 말하지 않아도
항상 최선을 다하지 않아도
괜찮아

올라오는 감정을 누르지 마
꿀꺽 삼켜 버리지 마

어떤 감정이 피어오르든
그건 너의 진실이니까!

고전 3

"이런다고 뭐가 달라질 것 같아?"

롤러코스터 같은 감정들이
매일 흔들어 댔지

인생 뭐 있냐며
그냥 되는 대로 살라고

그럴 때마다 울었지
아니라고 악을 쓰며
다듬어지지 않는
날것의 감정을 마구 토해 냈지

그렇게
남 탓을 하며 서럽게 울어도
짜증 내고 성질부려도
단 한 번도
내 손을 놓지 않는 너를 보며
깨달았어

너의 곁만이
내가 살 길이구나!

인생 방정식

옳고 그름을 알려 주는 방정식에
나를 넣어 본다

예민하게 굴었어
어리숙했어
창피했어

못된 마음이 불쑥 솟아서 그러기도 해
몰라서 그러기도 해
어리바리해서 그러기도 해

불완전한 존재임을 인정해
어떻게 대처하느냐가 중요해
실수를 통해 배웠으면 해

고전 4

온전히 품어 주는 너의 곁에는
볕이 스며들고
바람이 잦아들고
새들의 노랫소리가 들렸지

천국이었어

맞잡은 손은
고물고물 아기처럼 부드러웠고
함께 걷는 걸음은
꼿꼿한 소나무처럼 흔들림이 없었지

천천히, 아주 천천히
서두르지 않고
기도했어

네가 말하는 기본
사람으로서의 기본
그 기본의 끝에 설 수 있기를!

사랑은

사랑은
멀리서 들려오는 교회 종소리처럼 은은함

사랑은
들판에 흐드러진 꽃처럼 넉넉함

사랑은
바늘과 실처럼 자연스러움

사랑은
드라마처럼 주연을 빛나게 하는 조연

사랑은
꽃줄기처럼 가늘지만
부러지지 않고 휘는 단단함

사랑은
낙엽만 굴러가도 깔깔거리는 여고생처럼
자꾸 웃게 되는 마법

사랑은
한 송이보다
두 송이일 때 더 돋보이는 어울림

회상

"가위, 바위, 보"

6월이면
약속이나 한 듯 찾아오는
초록 잎사귀처럼 짙은 추억

아까시나무 잎 손에 들고
나무 아래 마주한 머슴애
누가 볼까, 들킬까
비밀스러운 첫사랑

혼난 아이처럼
들릴 듯 말 듯

"가위, 바위, 보"
짙은 초록 잎사귀들 위로
고개 들지 못하는 수줍음

수국

인생의 첫발을 내딛는 6월의 신부처럼
여백 없는 풍성한 기품에
걸음이 멈추고

지중해안의 새벽 바다처럼
그윽한 코발트블루에
심장이 얼어붙고
호흡마저 멈추어 버렸다

첫사랑의 황홀함처럼
흐벅지게 가슴 졸이는 탐스러움!

모내기하는 날

노릇노릇 바삭바삭

무쇠 가마솥 바닥
목화솜처럼 하얀 쌀밥이 남긴
구수한 누룽지 입 안 가득 오물거리며
새참 광주리 이고 가는 엄마 뒤를
병아리마냥 따른다

"새참 묵고 하이소~~"

나물 비빔밥 한 그릇
탁주 한 사발 받아 들며
논두렁에 대충 걸터앉은
흙투성이 손과 발들

"시장들 했지예? 마이들 드시소~"

칡잎들 위
찐 고등어 한 토막씩 뉘고
품앗이 나누는 정겨운 소리

심어진 모도
간간이 지나는 바람도
옥수수알 같은 하얀 이 드러내는
논두렁 위 새참 풍경

휴식

오늘 하루
나뭇잎이고 싶다

5월에서 막 건너와
아직은 봄 내음 묻은 바람
잘랑잘랑 부채 같은 바람

그 바람에
나를 맡기고 싶다

회상

먹을 것이 귀했던 시절

학교가 파하면
친구들과 삼삼오오
너의 아지트를 찾아
뒷산을 헤집고 다녔었지

엄마 립스틱을
어설프게 바른 꼬맹이처럼
빨간 산딸기 즙이
입가에 잔뜩 물들었을 때

맞아! 우리 아빠, 엄마
맞아! 올망졸망 내 동생들

두 손도 양에 차지 않던 욕심은
입고 있던 치마폭을 펼치게 했지

너를 보니 고 아이가 생각나
암팡지게 욕심 많던 고 아이가

야생화

참으로 어여쁘다!

수려하지 않아
멀리서도
가까이에서도
단박에 보이지 않지만

게다가
하늘 아래 가장 낮은 자리
가장 누추한 곳

누가 알아주지 않아도
너의 자리에서
너의 길을 꿋꿋이 걸어
끝내 꽃을 피운 야생화

참으로 어여쁘다!

달개비꽃

누구를 기다리길래
사슴처럼 목을 길게 빼고
앞만 바라보고 있을까

무슨 그리움이 사무쳤길래
새벽까지 잠 못 들어
이슬풀이라 불렸을까

무슨 한이 맺혔길래
가슴을 삭이다 삭이다
저리 퍼렇게 멍들었을까

기다림에 지쳐 녹아 버린 애간장
끝내 쓰러져 퍼런 속을 보이는
슬픈 꽃잎 두 장

고전 5

힘들 땐 입으로
슬플 땐 눈물로
아플 땐 글자로 말하라古

제3자가 되어
타인의 눈으로
이해하고 설명하라古

세월이 흘러
지금 이 아픔이
어떤 모습으로
어떤 의미로 남을지
미래의 시간을 그려 보라古

성장과 행복을 가로막는 것은
오롯이 나
성장과 행복의 길을 여는 것도
오롯이 나
세상은
나를 믿는 사람만 믿어 준다古

그러니
나를 믿는 힘찬 생명력으로
생의 에너지를 펌프질하라古

네가 말했지
하루도 거르지 않古

가재 잡이

"주전자 가득 잡아서 삶아 먹자!"
"아니야, 구워 먹자!"

왁자지껄 옥신각신
군침부터 삼키며
개울가로 몰려가는 실랑이 소리

"얘들아, 숨어!"
"동네 개구쟁이들이야!"

요놈들 숨어 봤자지!

반짝이는 까만 눈동자
물속으로 살그니 들이미는 손
돌멩이 들춰 가며
끝내 찾고야 말았지

들키지 않으려 뒷걸음치며
숨어 보지만
끝내 들키고 말았지

잡히지 않으려
뾰족한 집게발을 세워 보지만
끝내 잡히고 말았지

추억의 주스 나무

이게 무슨 나무였더라?

내 이름을 잊어버리다니!

친구들과 꺄르르 꺄르르
가끔은 아빠랑 도란도란
내게로 왔었잖아.

멱을 감다가도
물수제비 놀이를 하다가도
내게로 쪼르르 달려와

꽃잎 속 달달한 즙
다슬기 알 빼먹듯
쓰읍쓰읍~~
귀신같이 알고 따서 먹었잖아

아낌없이 다 주었는데
단 한 번도 싫은 내색 없이

어떻게 내 이름을 잊어버릴 수가 있어?

참새 잡이

"오빠, 안 보여! 나도 나도!"
"야, 당기지 좀 마!"

구멍 뚫린 창호지 앞
올망졸망 다닥다닥
다섯 남매

참새 잡이 현장 놓칠세라
아옹다옹 푸지락푸지락

"쉿!"

알알이 곡식 찾아
광주리 아래 모여든 참새들
숨죽여 지켜보다

"오빠, 빨랑 땡겨!"
"날아가 버리면 어떡해!"

콩닥콩닥 뛰는 가슴만치
속닥거리는 채근질

단 한 번은 찬란하게

떠난다
찬란했던 모든 것들이

풀꽃도
장미도
해당화도

있어야 할 자리에서
고방하게
온누리 향기로 물들이고
작별을 고한다

잠시
아주 잠깐 허락된
세상 나들이

그래도 고마웠다고
감사했다며 전하는 말

속상해하지 마라
서러워하지 마라
미워하지 마라

꿈을 피워라
짧든 길든
자신만의 시간 위에

단 한 번은

사랑

헤어지는 것이 세상 가장 슬퍼
N극과 S극처럼 찰싹 달라붙어
함께 잠들고
함께 아침을 맞이하면 좋겠다고

한 사람만 보였던 때가 있었지
사랑만 보였던 때가 있었지

내 젊은 날은
그렇게 가을날 단풍처럼 물들었지
후회 없이 열정적으로!

기도 1

아이야, 아이야
사랑스러운 아이야

실타래처럼 얽히고설킨
너의 하루하루가
살얼음판을 걷는 듯
조마조마하구나

잔뜩 낀 구름처럼
한바탕 쏟아질 듯한 너의 두 눈
납덩이처럼 무거운
너의 어깨

아이야, 아이야
꽃처럼 고운 아이야

터널 같은 짙은 어둠 속
너의 밤이 너무 길었구나

이제 남은 건
너를 애타게 기다리는
새벽뿐!

기도 2

얼마나 괴로울까
얼마나 고통스러울까

여기저기에서
칭칭 감아 대는 아우성

보는 이도
싹둑 잘라 내어 버리고 싶을 만큼
갑갑한데
얼마나 숨 막힐까

가만히
아픔을 헤아려 본다

그러함에도 불구하고
흔들리지 말고
하늘을 향해 걷기를

나무처럼